LA MALATTIA MENTALE
NON ESISTE

"La strada per uscire passa attraverso la porta.
Perché nessuno usa questa via?"
Confucio

Un uomo in piedi nudo nella piazza del paese. Grida il suo credo. Occorre liberarsi dalla materia e diventare puri come spirito. Che accade? Secoli addietro forse avremmo avuto una risposta. Ci saremmo chiesti se l'uomo fosse 'abitato' da dio o dal demonio prima di agire. In una piazza diversa di un diverso paese forse ci saremmo seduti in cerchio cercando di ascoltarne le parole, decifrarne il responso, apprendere da lui. Qui ed ora non sappiamo pensare altro se non 'sta male' e 'va curato'.

Ma di cosa 'soffre' quest'uomo? Forse del gelo di questo giorno d'autunno (che **non può** non sentire)? Eppure grida di essere pieno di gioia, che il momento è arrivato, libero e pronto a spiccare il volo. Qualcuno suggerisce che è 'fuori di sé' e che 'non sa quello che fa'. Non è lui. **Non può** essere lui.

E noi? Sappiamo cosa stiamo facendo mentre telefoniamo ai medici e allertiamo i vigili urbani?

Sappiamo cosa stanno facendo realmente quegli uomini che lo coprono e lo costringono a salire su un'autoambulanza? Tutto quello che riusciamo a vedere è un ricovero: una persona che viene condotta in un luogo in cui sarà aiutata a ritrovare il suo 'equilibrio mentale'.

Un ricovero. Quanto è corta la nostra memoria. Non vedevamo la stessa cosa mentre portavano via Carmelo, Nino, Giuseppina, Sebastiano, Cateno, Giorgio, Sonia, Giovanni...? Un ricovero, una 'cura' per guarire dalla malattia di essere quelli che si è. E dove sono ora? Chi è tornato? E quale 'cura' ha subito?

Noi sappiamo quello che facciamo. Lo sanno gli infermieri che lo immobilizzano al letto con le fasce. I medici che prescrivono le 'cure' del caso. Sanno di ritrovarsi di fronte un *malato di mente* affetto da *delirio mistico* che va riportato alla *ragione*. Non avrebbero esitato a farlo anche con Buddha, Cristo, Giovanni Battista, Teresa d'Avila, così come hanno fatto con Van Gogh o Nietzsche, se li avessero potuti avere sotto osservazione.

Ma di cosa soffre quest'uomo? Soffre per le fasce che gli cingono i polsi? Soffre nel trovarsi rinchiuso? Dell'essere deriso e umiliato da tutti? Dell'essere inascoltato? No, dicono i suoi carcerieri, soffre della *malattia* di essere inconsapevole di soffrire. E *malato* perché dice di non esserlo. Noi (che sappiamo quello che diciamo) abbiamo chiaro che **non** si può essere felici a stare nudi in mezzo ad una piazza, che **non** si può volerlo, **non** è logico né accettabile.

L'uomo nudo non è Francesco d'Assisi. Non è un santo, un mistico: è solo un *malato di mente* la cui biochimica cerebrale è *alterata* per cause sconosciute. Siamo ancora capaci di commuoverci di fronte al Cantico delle Creature, farci toccare dalla povertà e dall'utopia francescana, ma non abbiamo dubbi sull'uomo nudo, sulla sua irrazionalità. Crediamo di essere capaci di discernere fra santi e malati, fra visioni divine e allucinazioni, fra fede e delirio, fra meditazione e autismo.

Quello che nell'era pre-psichiatrica abbiamo visto come manifestazione divina, oggi siamo pronti a giurare sia solo il *sintomo* di una malattia del sistema nervoso. La voce di dio solo un'allucinazione, la missione di Francesco solo un delirio, la sua nudità: *malattia mentale*.

Ma cos'è la *malattia mentale?* Un'ipotesi. L'idea che a far spogliare l'uomo nudo non sia stata la *voce di dio*, ma solo un processo patologico che ha alterato il *normale* funzionamento del suo cervello. Solo un'ipotesi. Non ci sono, a tutt'oggi, prove certe dell'esistenza, la natura e le cause di questo processo. Eppure gli psichiatri continuano a trattare la *malattia mentale* come un *fatto* e ad imporre su persone non consenzienti ogni sorta di *terapie*.

La psichiatria non ha mai *curato* nessuno. L'elettroshock, la lobotomia, lo shock insulinico, la piretoterapia, gli psicofarmaci, la psicoterapia, non sono cure ma *esperimenti* su cavie umane viventi, non informate e spesso non consenzienti. Con questi *esperimenti* la psichiatria tenta di capire cosa fa e cosa è inutile fare. La *logica* è la stessa del bambino che distrugge il giocattolo per vedere come è fatto e come funziona.

Non è solo una metafora. La psichiatria considera le sue cavie alla stregua di cose o, nel migliore dei casi, *animali da laboratorio*. Nei suoi esperimenti sacrifica tranquillamente le loro esistenze che considera nonvite devastate dalla malattia. Avendo *perso la testa*, non resta loro nient'altro da perdere. Possono essere immolate. Possiamo provare a sezionare chirurgicamente il loro cervello per cercare il centro della follia. La chiamano lobotomia, si tratta di sperimentare se danneggiando irreversibilmente parti del cervello di un uomo, questi cominci ad assomigliare allo psicochirurgo che lo ha operato al punto da ringraziarlo di questo intervento. Migliaia di persone sono state distrutte così. Ridotte a vivere come vegetali per permettere agli psichiatri di *sperimentare* le loro teorie e dimostrare l'esistenza della *malattia* che dicono di curare. Migliaia di esseri umani non consenzienti, che hanno gridato, si sono divincolati, hanno graffiato, morso, dato pugni e calci fino all'ultimo istante, disperate e impotenti.

Tutto questo per cosa? Per niente. Dopo decenni la psicochirurgia viene sostituita dagli psicofarmaci. Le sale operatorie abbandonate. I lobotomizzati ammassati nei manicomi, I loro medici promossi ad operatori del territorio, uomini di scienza e di medicina.

E noi? Noi dove eravamo? Dove siamo ora: sul ciglio della strada a vedere accalappiare l'uomo nudo della piazza.

LA MALATTIA MENTALE NON ESISTE. Ogni volta che ci avventuriamo oltre il limite consentito solleviamo un vespaio di timori e di perplessità. Noi non stiamo nudi, non parliamo con le pietre, non sopportiamo il peso di diagnosi invalidanti, eppure siamo d'accordo con l'uomo nudo, con la sua *irragionevole* pretesa di non essere *malato*.

Ci dicono: 'negate l'evidenza!' Credo che più semplicemente neghiamo la coazione a credere che ciò che abbiamo davanti sia frutto di una malattia. Io vedo l'uomo nudo, lo sento parlare con le pietre e gridare cose che non comprendo. Anch'io come lo psichiatra non sento quello che le pietre gli rispondono, come a lui anche a me non è mai capitato di sentirle articolare parola. Eppure io non riesco a vedere una malattia. Non sento sofferenza. Non lo vedo tremare al freddo. Non sento in lui vergogna. Vedo solo la sua gioia. L'estasi del suo sguardo.

Non ci sono differenze incolmabili fra me e lui. Agiamo tutti e due in accordo con le nostre esperienze, coerentemente con le nostre idee, per raggiungere un fine. Non lo posso definire malato solo perché vive un'esperienza che io non conosco, crede in cose che io non condivido o cerca di raggiungere risultati che ritengo impossibili. Potrei definirlo immorale, peccatore, sognatore, cioè esprimere un giudizio etico e umano su di lui. Potrei chiamarlo anche criminale se il suo comportamento viola le leggi penali. Ma non posso *ragionevolmente* chiamarlo malato e negargli la volontà di essere quello che è. Potrei formulare tutti questi giudizi e anche sbagliarmi.

La realtà di ciò che vediamo, sentiamo, pensiamo non sta nella nostra biochimica. La verità delle nostre esperienze non è un prodotto del nostro cervello. Noi percepiamo la realtà attraverso i nostri organi di senso, elaboriamo le informazioni attraverso il nostro cervello. Ma quello che proviamo, le idee che ci formiamo, le intenzioni che abbiamo, non si possono in nessun modo ridurre al modo in cui funzionano i nostri organi.

Non ho difficoltà ad affermare che tutte le esperienze umane hanno una base biochimica e organica. Vediamo attraverso gli occhi, pensiamo col cervello, ci muoviamo sulle gambe. Sono convinto che nel cervello dell'uomo che sente la *voce* di dio succeda qualcosa: qualcosa che gli permette di sentirlo, vederlo, toccarlo. Il problema temo non sia questo. La questione che dobbiamo porci è **se** e **in che misura** possiamo decidere che il cervello che vede il Colosseo è *normale* e quello che vede l'arcangelo Gabriele *malato*.

La decisione sulla normalità o sulla realtà di un'idea o di un'esperienza non è cosa che riguardi la medicina. I processi organici sono impersonali: non sono giusti o sbagliati, veri o falsi, morali o immorali. La decisione su cosa mettere dal lato della malattia o della salute mentale non ha niente a che vedere con la scienza: riguarda la coscienza, la morale, il credo di chi si arroga il potere di giudicare.

Definendo *patologiche* le idee che non comprendiamo, definiamo *patologici* gli esseri umani che le pensano e le condividono.

Il caso dell'omosessualità è emblematico del modo di s/ragionare della psichiatria. Diagnosticata come *malattia mentale* per decenni, con il mutare dei costumi viene reintegrata nel mondo della sanità mentale. Questa *malattia* scompare dalla diagnostica psichiatrica con la stessa rapidità con cui ogni anno vi si inscrivono nuove patologie. Praticamente passano sul registro psichiatrico tutti i comportamenti che perdono cittadinanza presso la comunità sociale, ne escono quelli che ne sono via via digeriti.

Cosa ha a che fare tutto questo con la ricerca scientifica, con la biochimica, gli studi genetici? Si può *ragionevolmente* pensare che ci siano idee *malate* e idee *sane*? Le prime partorite da una mente *alterata*, le altre da una mente *normale*? E cos'è che le distingue? Il fatto di essere o meno condivise? Di produrre sofferenza o gioia? Di essere indimostrabili? Di negare le leggi della fisica?

Secondo i parametri che 'normalmente' usiamo per definire una idea 'malata', potremmo affermare che la fede nell'esistenza dell'anima o in un dio creatore del cielo e della terra, è frutto di *menti malate*. Essa è infatti indimostrabile, trascende e nega leggi fisiche, ha prodotto sofferenze indicibili (paure, sensi di colpa, Santa Inquisizione) e, per molto tempo, è stata idea di minoranze perseguitate. Tutte le religioni del mondo non sono che idee *malate* che hanno contaminato le menti di milioni di esseri umani. I credenti di ogni fede sono mossi da esperienze personali e collettive che gli psichiatri definiscono *deliranti* e *allucinatorie*.

Che differenza c'è fra la biochimica di Maria che ascolta e vede l'angelo che le preannuncia la sua missione divina, e la biochimica dell'uomo nudo a cui l'angelo ha annunciato la fine del mondo? E fra la loro e la biochimica dello psichiatra che afferma che gli angeli non esistono ed esiste la *malattia mentale?* Tutti e tre vedono cose che non possono essere provate. La differenza non sta nella loro biochimica, ma nel grado di condivisione che le comunità esprimono verso ciascuna di queste *fedi*. Maria e la sua esperienza viene neutralizzata relegandola nel simbolico, lo psichiatra occupa il reale, all'uomo nudo non resta che un posto letto in ospedale.

Io non ho dubbi che un giorno la ricerca psichiatrica riuscirà a definire, almeno in parte, i meccanismi chimici e biologici che hanno permesso a Francesco d'Assisi di essere quello che è. Ciò che ha esteso il suo udito fino a fargli intendere la lingua degli animali, ciò che gli ha permesso di riprodurne il linguaggio, ciò che ha affinato il suo vedere fino a fargli intravedere le strade che passano attraverso i tetti verso l'infinito.

La questione non è sapere se e in che misura la sua biochimica sia alterata. Il nodo da sciogliere è sapere se lo riteniamo 'accettabile'. Se accettiamo la sua esperienza o se la troviamo intollerabile, stramba, pericolosa. Se consideriamo che sia un passo sulla via della perfezione o un'inutile fantasia. Se accetteremo che i nostri figli vadano vagando sui tetti a parlare coi colombi o i gatti, rischiando di cadere nel vuoto, che smettano di lavorare, lavarsi e vestirsi, che si liberino di tutti i doni con cui siamo stati capaci di riempire le loro esistenze. Il paradosso in cui viviamo fa sì che coloro che oggi si riconoscono in Francesco d'Assisi, ritengono questi comportamenti come patologie e sintomi di *malattia mentale*. L'uomo nudo per strada o l'uomo sui tetti non sono sulla strada della liberazione ma del nonsenso.

La decisione sul futuro di certe persone ed esperienze non verrà fatta dalla scienza, ma dalla nostra paura. E la paura il motore ed il fine della psichiatria. Non la conoscenza. Paura che tutto ci sfugga di mano.

Chi ha deciso che il nostro è l'unico modo di vivere e questo l'unico mondo possibile? Siamo noi a costruire la realtà. Non solo perché vediamo solo quello che vogliamo vedere, ma anche perché vediamo solo quello che possiamo vedere. I colori, le forme, i suoni, gli odori non esistono. Essi vengono costruiti dai nostri sensi. Ciò che chiamiamo realtà non è altro se non un'immagine parziale che noi creiamo di ciò che sta fuori o dentro di noi. C'è un modo *sano* di percepire la realtà? O ci sono possibilità di percezioni infinite? Sentire suoni che altri non sentono, vedere cose che altri non vedono, possono essere capacità e possibilità *superiori* a quelle delle usuali percezioni del mondo. Con lo stesso arbitrio con cui affermiamo l'insanità di tali esperienze, potremmo affermare la loro divinità. Perché *malati* e non *santi*? Perché *pazzi* e non *illuminati*?

Alberto ha strappato dieci milioni, Sandro ha fermato il traffico immerso nella luce della rivelazione, Nino ha lottato tutta la notte coi demoni. Ci diciamo disponibili a lasciar vivere gli altri, a lasciarli liberi di credere nelle loro fantasie e nelle loro visioni, ma vorremmo che non facessero di queste cose. Vorremmo che non mettessero in pericolo la loro (o altrui) posizione sociale, che non disturbassero la nostra vista o il nostro udito, che non facessero mostra delle loro credenze, che non ci coinvolgessero nei loro riti. Vorremmo che fossero come dei ragionieri dell'assoluto, sciamani della domenica, studiosi di mistica religiosa. Abbiamo perso ogni cognizione di ciò che significa uscire dalla realtà per entrare nella verità.

Quando si è chiamati non si è più gli stessi. Non si tratta più di credere in alcune idee, ma di essere in una nuova dimensione. Non si tratta di realizzare delle credenze o dei riti, ma di essere, realizzare o difendere se stessi. Non c'è persona umana che abbia oltrepassato il limite della percezione umana e non abbia perso irrimediabilmente se stesso. Se dio chiama non chiede mai raziocinio: ti chiede di abbandonare te stesso, le tue risorse, i tuoi cari, la tua casa, la realtà. Se dio chiama ti affida una missione nel mondo, una rivelazione che devi portare in ogni angolo del creato, temerario e impavido testimone del sacro. Non ti fa paura la galera, il manicomio, il girovagare affamati in una stazione strattonato dalla polizia ferroviaria, così come non faceva paura ai primi martiri cristiani finire in pasto ai leoni. E nella legge delle cose:

ogni genuina vocazione porta una cieca e genuina persecuzione. Diventiamo una porta, aperta dal vento della verità, che tutti si affannano a chiudere. Non ci fanno più a pezzi perché si sono accorti che scardinandoci dai cardini hanno lasciato aperte crepe che non si possono più chiudere. Chiudono le porte, ci chiudono fuori, costruiscono muri intorno alle nostre porte, deformano i sensi e il cuore degli esseri umani, li rendono incapaci di sentire quanto stiamo dicendo. A volte vien proprio da chiedersi se sarebbero riusciti, con un'adeguata psicoterapia e psicofarmaci di supporto, a convincere Francesco a tornare a lavorare col padre ad Assisi o il principe Siddharta a riprendere il suo posto regale in questo mondo di sofferenze. Se sarebbero riusciti a confonderli a tal punto da farli rientrare nella realtà.

La psichiatria traccia un confine illusorio fra persone sane e persone malate. Essa crede di saper discernere se un'idea è volontariamente pensata e voluta da un uomo. Questo indipendentemente da quanto lui stesso afferma. Malata è, per così dire, l'idea che 'si pensa da sola', pensa in vece della persona che ne è vittima. La *malattia mentale* viene presentata così come una sorta di ammutinamento in cui la nostra testa comincia a ragionare da sola. Ipotesi suggestiva e arbitraria. Di volta in volta, infatti, lo psichiatra deciderà se e in che misura una persona sappia quello che dice, sappia quello che fa, pensi quello che dice. Sarà malata quando dirà di essere sana e sana quando accetterà di essere malata. Sarà sano quando converrà di aver bisogno di cure e malata quando affermerà che le cure a cui la sottopongono sono in realtà torture e i medici aguzzini.

Chi si scandalizza della violenza manicomiale e riconosce al contempo l'esistenza della *malattia mentale* e l'esigenza di una sua cura, si trova in un vicolo cieco. Cerca di far uscire dalla finestra ciò che accoglie con tutti gli onori della porta d'ingresso. Se esiste qualcosa come la *malattia mentale* che sconvolge la mente e i comportamenti dell'individuo, dovrà esistere qualcosa come la psichiatria che la isoli e la controlli. Non solo. Ci sarà bisogno che la psichiatria si sostituisca alla persona malata che, in quanto tale, è incapace, decidendo della sua esistenza, dei luoghi in cui vivere, divertirsi, delle persone giuste da incontrare, dei libri giusti da leggere, delle cose giuste da comprare, del numero di sigarette da fumare e così via dicendo.

Ogni 'malato' verrà affidato ad uno psichiatra che potrà usare tutti i mezzi che la sua scienza gli mette a disposizione per costringerlo ad accettare la realtà. Non importa quanto lo psichiatra sia mediocre, violento o inumano, egli avrà sempre *ragione*. Potrà fare del malato ogni cosa riterrà opportuna: nessuno lo arresterà, lo accuserà, lo condannerà, così come nessuno ha condannato i responsabili degli orrori manicomiali. Al contrario tutti gli psichiatri manicomiali hanno fatto carriera e si sono goduti la loro giusta pensione dopo decenni di duro lavoro in cui hanno distrutto la vita di migliaia di persone.

Una tale (inco)scienza ha bisogno di luoghi in cui rinchiudere i suoi pazienti non consenzienti. Stanze dove poterli ospitare e proteggerli *da se stessi* e *dalla realtà*. Case con porte che possano essere chiuse *per il loro bene*. Laboratori dove poter studiare l'evolvere della malattia. Ambulatori dove poter sperimentare i loro farmaci miracolosi. Luoghi imbiancati, stanze singole, pavimenti lustri, quadri alle pareti, termosifoni. Luoghi che nessuno psichiatra frequenterebbe ma che crede ottimali per i suoi pazienti.

Li chiamano servizi psichiatrici: sono posti in cui delle persone per bene continuano a fare quanto si faceva in manicomio. Scrivono cartelle cliniche, decidono cosa va bene e cosa deve cambiare in te, vanno a prenderti e ti ricoverano, cercano di curare la tua sensibilità, negano verità a quanto dici, non sanno niente di ciò che provi, attestano il tuo essere delirante.., ti fanno deserto intorno.

LA MALATTIA MENTALE NON ESISTE. E il mostro di Firenze? Per un meccanismo perverso riteniamo che negare che la mente si ammali equivale *tout court* ad assolvere tutti i mostri, presunti o reali, che popolano la nostra quotidianità. E' un paradosso. In realtà è vero l'esatto contrario. Definire *malato di mente* chi commette delitti, vuoi dire riconoscerne l'irresponsabilità, il non luogo a procedere, la non colpevolezza. Dove c'è *malattia mentale* infatti non c'è responsabilità. Il mostro che uccide la madre non sa quei che fa, non è un carnefice ma una vittima della sua malattia: come si può giudicarlo e condannarlo? Raptus di follia: ecco il vero assassino. Il mostro ne è preda: dobbiamo rinchiudere il mostro e curarlo.

Il mostro non va semplicemente preso, punito e rinchiuso: vogliamo che sia 'curato', cioè che vengano estirpati quei pensieri che lo hanno portato ad agire, che vengano distrutte tutte le ragioni che gli sono cresciute dentro. Qual' è il vero pericolo? Cosa o chi minaccia il matricida? E cos'è che fa del suo ragionamento un delirio e della strage alla stazione di Bologna una logica seppure del terrore? Cos'è che ci fa dire che è logico uccidere in guerra o per denaro un estraneo e patologico uccidere per amore o odio una persona cara?

Dire che un comportamento ha senso non vuol dire accettarlo. Riconoscerne il significato non vuol dire sottoscriverlo. Al contrario, spesso è l'unico modo che abbiamo per comprenderlo, combatterlo, modificarlo. Dire che ha 'senso' uccidere la propria madre non significa che sia giusto, doveroso o buono. Né più né meno che dire che c'era un senso nella persecuzione nazista degli ebrei. Il fatto che le nostre azioni siano o meno sensate, non significa *tout court* che siano o meno giuste.

Vorrei provare a sciogliere il paradosso. Che senso ha dire che certe azioni non hanno senso? A chi serve? Da che cosa ci difende?

Prendiamo il caso del matricida. Non è la pericolosità del gesto che ci fa paura, o non solo. Ci inquieta forse più il pensiero che ciò sia stato possibile. Che uno dei principi su cui si fonda il nostro senso del reale possa essere fatto a pezzi in un attimo con consapevolezza e ragione. Non possiamo accettare di riconoscere io status di persona pensante a chi uccide la propria madre, mentre non abbiamo nessuna difficoltà a ritenere sani e sensati i killer della mafia o gli ideatori della missione atomica su Hiroshima (tanto da psichiatrizzare il pilota di quel volo definendolo *malato di mente* perché oppresso dal senso di colpa).

In realtà la nostra unica urgenza è quella di creare una distanza incolmabile fra noi e il matricida. Una distanza psicologica prima ancora che fisica. Fra lui e noi non ci deve essere alcun flesso. Il matricida non viola solo una legge penale: egli attacca il reale. Apre una breccia profonda nel velo di Maya che protegge la nostra normalità. Un po' come il maniaco che si masturba agli angoli delle strade. Non sta infrangendo una legge scritta, sta mostrando l'inquietante natura di cui sono fatti i nostri desideri e le nostre passioni.

Sembra un paradosso, ma non c'è niente di più sensato che uccidere chi ci ha dato la vita. Cancellare la causa prima, l'origine, la porta attraverso cui ci hanno scaraventati in questo mondo. Certo più sensato che uccidere persone che non conosciamo e che ci hanno ordinato di uccidere.

Ci può tranquillizzare il fatto di pensare a questi atti come aberrazioni 'patologiche', eccezioni, malattie. Le allontana da noi. Ci mette al sicuro da ogni possibile coinvolgimento. Ma tutto il terrore che proviamo di fronte a questi delitti è il terrore di riconoscerli come nostre umane e tragiche possibilità.

I legami fra le persone sono di una natura tale che è impossibile, a volte, discernere vittime e carnefici. Legami e case che spesso proteggono, a volte imprigionano. Legami e affetti che ci tengono in vita ma di cui a volte non possiamo fare senza. A volte non troviamo alcuna via d'uscita se non tranciarli di netto o portarceli con noi oltre la morte. Non sopportiamo di lasciarceli dietro e a volte neanche che facciano a meno di noi.

Anche qui. Cosa ha a che fare questa nostra fragilità e inquietudine con la medicina? Cosa può farci ragionare? Cosa può impedirci di essere umani e, quindi, pericolosi a noi stessi e per gli altri?

Non giustifico quello che a volte siamo capaci di fare gli uni degli altri (con o senza spargimenti di sangue): dico solo che non esiste niente che possa vaccinarci dalla passione senza ucciderci; non c'è niente che sappia farci ragionare senza farci smettere di essere quello che siamo.

Così è la psichiatria: crea i mostri che poi afferma di tenere sotto controllo.

Gli psichiatri ci raccontano una storiella a cui abbiamo bisogno di credere. Ci dicono che dietro certe azioni tragiche e inaccettabili non ci sia altro che una malattia, l'alterazione di qualche processo biochimico, una mente malata. Ci illudono che individuando le persone che ne sono affette, isolandole e curandole per tempo, essi non commetteranno quelle azioni. Con questa logica sono stati autorizzati a trattenere e controllare per decenni centinaia di migliaia di uomini e di donne che non hanno mai fatto male a nessuno, presunti colpevoli di crimini mai commessi. Essere definiti *malati di mente* equivale ad essere indicati come pericolosi ed efferati criminali.

Se usassimo la stessa logica nei confronti degli psichiatri arriveremmo probabilmente alla stessa conclusione: essi sono biologicamente e, probabilmente, geneticamente pericolosi per se stessi e per gli altri.

In questo campo a niente vale la realtà, le prove oggettive che possiamo portare. Inutile far notare che la percentuale dei delitti commessi da persone diagnosticate malate di mente è analoga (se non inferiore) a quella degli stessi delitti commessi da persone ritenute sane (ivi compresi gli psichiatri). Abbiamo le stesse possibilità di essere uccisi, derubati, danneggiati da persone che consideriamo malate o sane. Eppure riteniamo la pericolosità come una caratteristica fondamentale della malattia e non della sanità.

In realtà non c'è niente di sensato nel nostro rapporto con ciò e con chi non capiamo. La psichiatria stessa è un cumulo di irrazionalità e violenze, sistematizzato e accettato come ovvio.

Manicomio e terapie psichiatriche non hanno mai impedito i raptus omicidi (che per definizione sono imprevedibili). Hanno soltanto usato questi atti per giustificare un crimine ancora più grande: una sorta di genocidio che ha coinvolto (e coinvolge) milioni di esseri umani privati di qualsiasi libertà di scelta.

LA MALATTIA MENTALE NON ESISTE. Non neghiamo la realtà. Affermiamo che ci sono esperienze e persone che ci spiazzano con il loro ragionamento e comportamento. Persone ed esperienze con cui vogliamo entrare in relazione, convivere e condividerne il senso. Non crediamo che le persone (in)seguite dagli psichiatri siano malate, così come non crediamo a priori che soffrano delle loro esperienze. Crediamo che l'unico modo per uscire dall'arbitrio sia quello di accettare l'autodefinizione che le persone danno della loro situazione. L'uomo nudo non soffre della sua nudità. Soffre sicuramente di quanto facciamo lui in nome di un aiuto che è solo cieca violenza.

Non c'è esperienza umana in sé piacevole e positiva. Tutte le esperienze possono essere porte per entrare in paradiso od essere scaraventati all'inferno. Le stesse esperienze, in momenti diversi della nostra vita, possono esaltarci o deprimerci. Possiamo allo stesso modo, stare bene con noi stessi ed essere per questo perseguitati da altri. Soffrire le pene dell'inferno a causa della nostra felicità e pienezza di vivere.

Sentire la voce di dio può scaraventarti nei più cupo terrore o innalzarti all'estasi più sublime. Innamorarsi può farci sentire da dio o ridurci ad uno straccio. Per amore si può costruire case o distruggerle. La nostra passione può farci vincere mali incurabili o può spingerci ad uccidere ed ucciderci. E così via.

Dicendo che l'uomo nudo sta male, che Cesare soffre a stare disteso per terra, che Antonio agonizza girando per la stazione tutta la notte parlando con gente che non vediamo, noi giustifichiamo il loro sequestro involontario. Non rispondiamo ad una loro ma ad una nostra sofferenza. Nostra è la vergogna, l'impotenza, la paura, l'incomprensione, il terrore. Se Francesco se ne sta sui tetto nella beatitudine del suo rapporto col creato, non pensiamo di portargli dei viveri per consentirgli di rimanerci per il tempo che vuole, lo aiutiamo a scendere con l'aiuto dei vigili dei fuoco e, non paghi, lo aiutiamo anche a dimenticare quelle fantasie e riprendere il suo posto nella realtà.

Certo non tutti ci inquietano con la loro beatitudine. C'è chi si precipita nelle nostre braccia chiedendo aiuto, ci implora dì proteggerlo da entità, mostri e demoni che non riusciamo a vedere. E noi come li aiutiamo? Dicendo loro che non c'è nessuno, che sono solo fantasie, qualcosa che non gira bene nella loro biochimica, forse lo stress, forse qualche trauma... e li lasciamo soli a fronteggiare i demoni, chiudiamo loro ogni via d'uscita, li chiudiamo in luoghi protetti dove non possono più scappare da nessuna parte.

Siamo così ciechi da non capire che questo nostro invito a non dare un senso a quanto ci sta accadendo, è proprio la porta per spingere le persone nel terrore più incontrollabile. La spiegazione psichiatrica in realtà non spiega niente, non aiuta nessuno, serve solo agli operatori per giustificare quello che ti faranno. A volte l'alternativa che lasciamo a chi ci chiede aiuto è fra farsi dilaniare dai demoni o farsi invadere dagli psicofarmaci. Dalla padella alla brace, come si usa fare.

Se sofferenza c'è nelle esperienze umane, questa, a mio avviso, è sempre collegata alla capacità di capire e far capire quello che vogliamo o quanto ci sta accadendo. in realtà la psichiatria non sa niente di quanto accade ai suoi utenti, né sembra essere interessata ad aiutarli a capire: suo unico scopo è quello di eliminare con ogni mezzo (consentito o meno) comportamenti lesivi della (in)civile convivenza.

Credo che questa cecità sia figlia di una logica che afferma: le sofferenze provocate da fantasie o realtà immaginate sono esse stesse immaginarie. Non scatta nessuna empatia con l'uomo che corre inseguito dai demoni. Lo blocchiamo. Gli diamo due pacche sulle spalle e poi via al pronto soccorso del più vicino ospedale.

Anche qui non siamo noi a negare la realtà della sofferenza delle persone, ma chi crede che le persone siano affette da *malattia mentale*. Togliere di mezzo la malattia ci rimette in comunicazione col cuore del problema. Nessuno soffre per la malattia che altri dicono che lui ha, si soffre di fronte a ciò che non si capisce o, peggio ancora, dell'essere sistematicamente fraintesi o derisi dagli altri

ANTIPSICHIATRIA
prime istruzioni di uso

> *"Non staremo qui a sollevare la questione degli internamenti arbitrari, per evitarvi il penoso compito di facili negazioni.*
>
> *Noi affermiamo che un gran numero dei vostri ricoverati, perfettamente folli secondo la definizione ufficiale, sono, anch'essi, internati arbitrariamente.*
>
> *Non ammettiamo che si interferisca con il libero sviluppo di un delirio, altrettanto legittimo, altrettanto logico che qualsiasi altra successione di idee e di azioni umane ... affermiamo l'assoluta legittimità della loro concezione della realtà e di tutte le azioni che da essa derivano".*
>
> (A. Artaud)

Abbiamo imparato a nostre spese che la psichiatria è una sorta di confine, una linea invisibile oltre la quale si perde ogni diritto e possibilità di esistenza, il punto di passaggio dal reale e l'impossibile. Un confine, un muro, una camicia di forza, farmaci paralizzanti, parole per dimenticare.

L'abbiamo imparato a nostre spese essendone vittime, carnefici o mandanti. Abbiamo fatto, ricevuto e ci siamo fatti tutto il male di cui siamo capaci pur di impedire che qualcuno di noi attraversasse quel confine e tornasse indietro con il tesoro, il terrore, la meraviglia o la paura che aveva trovato di là.

L'antipsichiatria è, in questo senso, la ricerca dei modi per passare questo confine e di cancellare questa linea. Non più mente sana e mente malata, ma una nuova mente capace di funzionare di qua e di là da questo confine.

Per capirci. L'antipsichiatria è Giorgio, le mani strette sul volante del pullman, il motore acceso e quel muro davanti. Sa che lo attraverserà come un muro di nebbia. Dimostrerà che la realtà è solo il velo di Maya, un'illusione, un'istituzione. Giorgio che vuole aprire una crepa, una ferita, un dubbio nel muro del reale. Giorgio col motore già acceso e la decisione già presa.

L'antipsichiatria è questa sfida, lanciata contro noi stessi, la realtà e la ragione. E' la rinuncia a curare, a normalizzare o punire chi non si accorda con il nostro modo di vivere. E' accettare il rischio di perdere la testa ed essere, per questo, messi in croce.

L'antipsichiatria non è un'alternativa alla psichiatria, è altro. Antidoto al veleno psichiatrico. *Anti* perché, nella nostra epoca, la psichiatria ha preso possesso del confine, lo presidia, fa pagare un pedaggio inumano, ci imprigiona da una parte e dall'altra del muro.

L'antipsichiatria non mira a sostituire la psichiatria con pratiche di *cura* umane o *luoghi* accoglienti. Essa ha a che fare piuttosto con l'accettazione e la difesa della legittimità di ogni esperienza e realtà umane. Non interessa la medicina o la psicologia, ma è movimento di menti e cuori di uomini che vogliono esplorare se stessi e la realtà, senza dare nulla per certo. E' l'inquietudine di chi non accetta di bloccare Giorgio prima che sia troppo tardi, di chi non accetta di chiamarlo *malato*, distruggendo così le sue ragioni, il suo futuro e la sua vita. E' il tormento di chi lotta con se stesso per salire sul pullman di Giorgio e, con lui, andare oltre.

La storia dell'antipsichiatria cammina sulle gambe di Carmelo. Ha il suo respiro, il cuore in gola, l'adrenalina in circolo. Notte del '62. Si aggira silenzioso per il reparto. Si avvicina ai letti. Tenta di slegare i suoi compagni. "*Non sopporto vederli così*" dirà al medico che gli chiede le ragioni di quell'insano gesto. "*Non sopporta vederli così*" annota lo psichiatra in cartella. Poi l'ordine. Carmelo viene legato al suo letto.

Non sopporto vederli così. Non era il solo, Carmelo, in quegli anni. Una schiera agguerrita di giovani operatori psichiatrici rigettavano l'idea di essere parte e complici di quel genocidio che si perpetrava nei manicomi. Non sopportavano l'idea di essere proprio loro a dare quell'ordine o a condannare a morte una persona con il loro giudizio. Li chiamavano antipsichiatri. Erano uomini e donne che si rifiutavano di assolvere al mandato che era loro conferito dalla società e dall'(in)coscienza psichiatrica.

Franco era uno di loro. Lottava per slegare Carmelo e i suoi compagni dalle fasce che li costringevano a letto. Carmelo lo osservava. Guardava quell'impavido eroe esaltarsi ogni volta che riusciva a convincere se stesso e gli infermieri che si poteva slegare qualcuno. Paradosso crudele. Il gesto che a Carmelo era costato mesi di punizioni, svilimento e torture, veniva acclamato ora come atto di giustizia, di umanità, di cura. Ciò che in Carmelo era stato stigmatizzato come "sintomo" del suo deterioramento e disagio mentale, era in Franco letto come azione sensata e terapeutica. Gli stessi infermieri che quella notte l'avevano legato, oggi lo slegavano con la stessa logica, la stessa arroganza, lo stesso potere di sempre.

Franco continuava la tradizione di arbitrio che Carmelo conosceva bene. Decideva chi e quando poteva essere slegato. Chi, quando e per andare dove, poteva essere dimesso. La vita di Carmelo e dei suoi compagni continuava a dipendere dall'umore di Franco, dalla sua capacità o voglia di immedesimarsi, di capire, di lasciarsi convincere.

E' così che Carmelo è stato sepolto in un manicomio, mentre Franco è oggi primario di un reparto post-manicomiale, costruito secondo i dettami della nuova psichiatria. Niente sbarre alle finestre, solo vetri infrangibili. Niente camicia di forza, solo cocktail di psicofarmaci. Stesse diagnosi. Stessi camici. Le stesse fasce. Lo stesso ordine. Arturo è legato al letto. Ha tentato di scappare rompendo le maniglie delle finestre stanotte.

Non è morta la pratica antipsichiatrica, sono spariti solo questi sedicenti antipsichiatri che hanno ereditato e reinventato l'infezione manicomiale.

L'antipsichiatria è infatti quel filo viscerale, istintivo, indistruttibile che lega Carmelo ad Arturo, la loro rabbia, le loro ragioni, la loro resistenza al tentativo di negarli come esseri umani. Le istruzioni per usare l'antipsichiatria vengono da questo patrimonio di storie e vite distrutte dalle varie "rivoluzioni" psichiatriche che si sono succedute lasciando invariato l'errore/orrore psichiatrico.

La psichiatria resta sempre uguale a se stessa. Non importa se non costruisce più manicomi, non promuove l'internamento o non pratica la lobotomia. Il problema non è *dove* si viene rinchiusi o *cosa* ci si permette di fare, di avere e di sentire, ma il fatto che altri decidano **di** noi, di ciò che possiamo dire, pensare o essere.

L'antipsichiatria è un riprendersi la vita, la città ed il futuro. Carmelo non contratta il suo diritto alla libertà di movimento: si slega da sé. Arturo non mendica il suo diritto a vivere dove e con chi vuole, abbatte le finestre che lo tengono prigioniero.

L'agire antipsichiatrico è fuoriuscita dal dominio e dall'arbitrio psichiatrico: **senza condizioni**. Non è possibile barattare i propri valori, la propria sensibilità, i propri ricordi o i sentimenti per ottenere in cambio solo una parvenza di libertà vigilata.

Antipsichiatria è il ritiro di Nino nelle caverne di Pietraperciata. Il suono del suo bastone che batte sul cuore del mondo. Il suo viaggiare in sogno tra Taormina e il suo *doppio*. Non c'è niente che possa riportarlo alla *ragione*, senza negare realtà e erità a quanto dice di essere, sentire e fare; senza cancellare il suo essere persona; senza far violenza al suo corpo e torturare la sua mente.

Per Nino non c'è alcuna differenza fra essere internato in manicomio o essere assistito a casa, agli arresti domiciliari o in libertà vigilata. Non c'è differenza fra lobotomia e psicofarmaci; tra il giudizio di *schizofrenia* espresso da uno psichiatra manicomiale e quello formulato da uno *democratico* o *psicoterapeuta*. Tutti assumono come *norma* la loro mente, le loro scelte, la loro vita. Tutti danno per scontato che Nino **non** può essere **chi** dice di essere, né fare quel che fa. Tutti giustificano le loro azioni affermando che agiscono per aiutarlo a lenire le sue sofferenze. Tutti coprono , con le loro teorie, il fatto che tutto quel darsi da fare serve essenzialmente a lenire le sofferenze che Nino, con il suo comportamento, provoca ai suoi familiari, al vicinato, agli operatori psichiatrici.

L'antipsichiatria è confrontarsi con Nino al di là dei limiti del *possibile*. Camminare fianco a lui senza imporre una *meta*. Cercare punti di incrocio fra le nostre vite e i nostri mondi.

Aiutarlo a praticare la sua *follia* e a comunicarne la conoscenza.

A volte, rivivendo a ritroso le storie dei coatti psichiatrici, si ha l'impressione netta che sarebbe bastato a*stenersi dal fare* per salvare la vita e l'esistenza di migliaia di persone. Sarebbe bastato che non ci occupassimo di loro perché avessero almeno un'occasione per vivere e morire con un qualche senso, come è diritto di ogni essere umano.

I ISTRUZIONE: **NON INTERFERIRE**

Sarei tentato di proporre la *non interferenza* come prima istruzione. Tale e inumana è stata l'invasione sistematica che abbiamo operato nella vita e ai danni di persone che non comprendiamo (e di esperienze che non conosciamo), che la prima cosa sensata da fare sarebbe quella di astenerci dal *fare il bene* degli altri. Un passo indietro. Rispettare, vegliare, ascoltare le esperienze altrui senza interferire.

So benissimo che nel campo delle relazioni umane il *non intervento* è impossibile. L'azione e l'influenza reciproca è connaturata al nostro essere umana. Non è possibile, né auspicabile, che tra di noi ci sia questa *in-differenza*. Sapere che una persona cara si aggira di notte per la città alla ricerca del Santo Graal, non ci può far stare tranquilli. Se non altro perché non sappiamo cosa ciò significhi, né a che cosa può portare, e, soprattutto, non riusciamo ad immaginare ciò che può accadere. Ci è umanamente impossibile *non agire*. Certo. Ma c'è un agire *contro*, un negare, un affannarsi a cercare di far cambiare direzione, un chiudere porte e finestre, un addormentare le ragioni altrui, un imprigionare ... un *interferire* in cui la voce, i pensieri, la meta dell'altro non hanno più senso. Dove non fa *differenza* se quanto sta facendo lo fa star bene, beato e realizzato. Bisogna solo che smetta di farlo.

Questo modo di agire, manifestare la propria apprensione ed il proprio affetto, è *psichiatrico* anche se non usa psicofarmaci sciolti di nascosto nel latte o si conclude con un ricovero forzato in psichiatria. E' *psichiatrico* per la logica che lo muove e per l'ipocrisia che lo giustifica.

C'è un agire che, al contrario, non muove i suoi passi dalla *negazione* dell'esperienza altrui. Un agire che parte dal dubbio sulla vera natura della realtà, che non pratica una certezza ma rischia nel confronto con le certezze dell'altro. Un interferire che è un *uscire allo scoperto*. Accettare di accompagnare l'altro nella ricerca e di farne parte. Un chiedersi: "*Di cosa mai avrà bisogno il cercatore del Santo Graal?*. Forse solo di un posto sicuro dove riposare e recuperare le forze per ricominciare. E poi indizi, segni e incontri che gli indichino la strada da seguire. Avrà bisogno di un auto, di qualcuno che lo aiuti a scavalcare muri, coprire distanze, entrare in case, violare proprietà private senza farsi scoprire, né arrestare. Avrà bisogno di soldi, di abiti adatti, di carta e penna, e così via … Ci sono migliaia di cose da fare *con* e fare *per* l'altro, se accettiamo di dargli credito, di stargli vicino, di capire senza spiegare.

L'agire antipsichiatrico non si pone come fine il cambiamento del modo di pensare, agire ed essere dell'altro. Mira a creare ponti di *inter/ferenza* tra il mondo del *possibile*, in cui comunemente viviamo, e gli infiniti mondi dell'*impossibile*, in cui possiamo proiettare il nostro corpo e la nostra mente. Non si interessa di *far ragionare* il cercatore del Graal, di normalizzare il suo ritmo sonno-veglia, di farlo assomigliare ad un impiegato. Cerca piuttosto di sperimentare forme altre di convivenza, di comunicazione e scambio libero fra le persone.

Questa radicalità non ha niente a che fare con la psichiatria, la sua storia e la sua logica. Niente ha a che fare con l'*antipsichiatria* l'esperienza della psichiatria *alternativa* italiana, con Basaglia e la legge 180 in testa. L'esperienza basagliana, infatti, si muove nella scia della ricerca *medica* di una *cura* per la *malattia mentale*. Anche se le sue strategie, le sue tecniche ed i suoi luoghi di *cura*, tendono ad assomigliare sempre più ai luoghi degli scambi quotidiani, la logica che muove i suoi interventi è sempre quella della *normalizzazione* della mente e dei corpi dei suoi pazienti *involontari*.

Non sarà più necessario rinchiudere il cercatore del Graal. Basterà che accetti di limitare la sua ricerca alle ore diurne, che impari a parlare d'altro, che si lasci convincere a frequentare un centro diurno di socializzazione dove potrà disegnare le sue mappe segrete per raggiungere il Graal o scrivere i suoi versi, lavorare la terra o produrre piccoli oggetti d'artigianato per riabilitarsi e sentirsi *utile* … La notte lo si *aiuterà* a dormire con psicofarmaci per salvaguardarlo dal rischio di vagabondare in maniera *improduttiva* seguendo le sue fantasie.

Non lo si lascerà mai solo. Il cercatore così *sembrerà* libero di fare e disfare a piacimento, ma non sarà più libero di *cercare*. Il che equivale a dire che sarà come un pesce libero di muoversi a piacimento, ma non di *nuotare*.

Tutto *sembrerà* in ordine fino a che il cercatore si atterrà al programma. Se comincerà a non dormire la notte, a rifiutare i farmaci, ad allontanarsi da casa senza autorizzazione, a non collaborare con gli operatori, a seguire il suo istinto e la voce che lo chiama alla *missione impossibile*, allora la psichiatria alternativa gli riserverà un trattamento che non ha niente da invidiare ai (mal)trattamenti manicomiali. Isolamento, svilimento, lobotomia chimica, riduzione in schiavitù. I ricoveri forzati, anche se limitati nel tempo e realizzati in strutture *rinnovate*, sono esperienze di annichilimento personale che cancellano la nostra possibilità di riprendere voce in capitolo nella nostra vita.

Cambiano i metodi, il fine rimane identico: il cercatore *guarisce* quando smette di cercare. La verità elementare che un cercatore smette solo quando ha trovato, non sfiora mai la mente di uno psichiatra (alternativo o meno che sia). Lo psichiatra non vede la sua ricerca, ma solo una serie di comportamenti scoordinati, irrazionali e insensati. Non riesce, né può accettare l'esistenza del Santo Graal o a credere che il cercatore sia stato *scelto*. L'unica cosa che vede è il pericolo e il rischio che il cercatore corre nell'esporsi alla notte, alla città, alla fantasia.

Certo non tutti cercano il Santo Graal. C'è chi è invaso e torturato da entità diaboliche, che sente di essersi trasformato; chi vede gli altri mutar forma; chi vive nell'ansia della fine del mondo; chi sente che qualcuno vuole ucciderlo … Le esperienze cambiano di segno, i vissuti sono diversi: le indicazioni psichiatriche restano uguali. *Non* sentire, *non* vedere, *non* capire, *non* credere, *non* uscire, *non* gridare, *non* parlare, *non* pensare. Le terapie messe in atto sono, anche qui, un mix di *distrazione* e *punizione*.

L'agire psichiatrico è mosso da una bieca e inumana incredulità. La psichiatria non solo non dà credito alle esperienze delle sue vittime ma, di riflesso, non partecipa neanche dei vissuti di angoscia che tali esperienze, a volte, producono. Se non esistono entità diaboliche, argomenta la psichiatria, il tuo terrore è *immotivato*. Se non c'è *motivo* esserlo, tu *non puoi* essere terrorizzato: il tuo terrore *non* esiste, è solo una fantasia creata dalla *malattia* da cui devi essere *curato*.

Anche qui sfugge allo psichiatra una verità elementare: chi è terrorizzato va *protetto* e non *curato*.

Gli psichiatri alternativi affermano spesso di usare ricovero e psicofarmaci proprio per *proteggere* le persone. Ma vale la pena di chiedersi: da *chi* o *da che cosa*? Normalmente da se stesse, dalla malattia, dalla vita che vorrebbero vivere. I demoni non interessano gli psichiatri. Le *cure* servono ad impedirci di reagire a cose che non esistono. Così mentre siamo bloccati in un letto, legati ad una flebo, i demoni sono liberi di tormentarci, crudeli e indisturbati.

L'insensibilità e la disumanità psichiatrica nasce proprio da questo trattare le esperienze umane come fossero corpi estranei, senza riferimento alcuno con le persone che le vivono. Si può così rinchiudere Angela, terrorizzata dai gas nervini che invadono la sua casa, abbandonarla in luoghi sconosciuti, spogliandola dei suoi vestiti e dei suoi averi, dandola in pasto a occhi e corpi di sconosciuti, costringendola a convivere, senza difese, con il terrore e la paura, esposta ad ogni pericolo.

L'interferire psichiatrico non fa niente, proprio niente, per impedire ai gas di raggiungerla. Non c'è nessun gas nervino in casa sua: è un'*allucinazione*, un *delirio*, un'*insensatezza*. Angela *non può* soffrire di una cosa che non c'è e che non può farle male. Il paradosso psichiatrico sancisce che quanto più Angela denuncia i suoi *carnefici*, tanto più venga *punita*, quanto più continua a chiedere aiuto, tanto più venga considerata *insensata*, quanto più ha paura, tanto più venga rinchiusa.

Non solo. Angela da *vittima* dei gas nervini, diverrà *carnefice* della sua famiglia. Farà disperare i suoi genitori costringendoli a notti insonni alla ricerca dei punti da cui fuoriesce il gas nervino. Li impegnerà in lunghe discussioni e a lotte immani per convincerla a prendere le *medicine*. Se ne starà rintanata in camera sua. Non vorrà alimentarsi. Si rifugerà la notte sui tetti per sfuggire a coloro che vogliono ucciderla o farla impazzire.

La psichiatria liquida tutto ciò con due parole: *delirio di persecuzione*. Nessuno va a cercare i *persecutori*. Nessuno difende Angela da essi. Non ci sono *persecutori*. Del resto spesso psichiatria e persecuzione coincidono. Distruggere la sua *credibilità* serve anche a permettere alla psichiatria di *curarla* senza alcun limite né controllo.

La lobotomia, una brutale tortura ? L'elettroshock, una violenza ? Il manicomio, un campo di sterminio ? Per decenni la psichiatria ha trasformato queste crudeltà in *fantasie persecutorie* delle sue vittime. Non ci si può aspettare aiuto da chi pratica la *persecuzione*, non ci si può aspettare che la riconosca.

II ISTRUZIONE: **CERCARE I PERSECUTORI**

L'antipsichiatria si trova spesso legata ad accuse di negazione della sofferenza delle persone. Si dice che chi non accetta l'idea dell'esistenza della *malattia mentale*, di fatto, nega la sofferenza dell'altro e si astiene dal dare aiuto a persone che ne hanno bisogno. Io affermo, al contrario, che nell'agire antipsichiatrico c'è il riconoscimento e il rispetto pieno dell'esperienza altrui. C'è la presa in carico diretta della sfida che il modo di sentire, gioire o soffrire dell'altro pone alla nostra concezione della realtà e dei sentimenti.

L'antipsichiatria non sfugge al confronto coi gas nervini. Non nega *realtà* e *verità* al terrore di Angela. Mira a cercare insieme ad Angela difese *credibili* dei gas e ad individuarne la fonte per distruggerla. E' l'agire istintivo, naturale e sensato di chi si trova nella situazione di doversi difendere da un attacco *impossibile*.

La psichiatria ormai non si identifica più solo con le sue pratiche, i suoi operatori o le sue istituzioni. Essa rappresenta un modo di *negare* che è diffuso nella nostra cultura e agito come *norma*.

L'antipsichiatria, di contro, discende dalla pratica di uomini e donne che hanno cercato di dare senso all'immane mole di esperienze, vissuti e conoscenze che non si accordano con il *comune* modo di vedere e di essere.

Cosa sono i *deliri,* se non tentativi di sistematizzare le conoscenze che derivano agli esseri umani dall'attivazione di canali percettivi diversi o integranti i cinque sensi ? E cosa sono i *sintomi,* se non tentativi di rispondere, attraverso prove ed errori, ai paradossi che tali conoscenze ed esperienze ci pongono ?

Abbiamo bisogno di dare un *senso* a quanto ci succede. Quando l'esperienza è tale da attivare *realtà extraquotidiane*, non possiamo aspettarci di riuscire a rimanere *sensati.* Sarà sembrato *delirante* al mercante di Assisi, il ragionamento di Francesco ? Eclatante e patologico il suo denudarsi ? Incomprensibile la sua rinuncia al reale ? Cosa avremmo fatto o detto noi al suo posto ? Ci avrebbero convinti a tornare sui nostri passi ? A prendere un periodo di riposo, una cura, una psicoterapia ?

L'esperienza dei gas nervini o della *voce* di dio, attiva il nostro corpo e la nostra mente ad un livello in cui le parole perdono senso e potere. Sono esperienze che fanno di noi essere nuovi (beati o terrorizzati), liberi dalle catene della *ragione* e del *buon senso*. Casa, lavoro, soldi e futuro: come saranno sembrati vuoti e incomprensibili suoni alle orecchie di Francesco

?! Così come sono vuote e incomprensibili le parole che ci affanniamo a sussurrare, gridare, suggerire ad Angela.

La questione forse non è quella di affannarsi per evitare che la gente *impazzisca*. Tanto è inutile, insensata e crudele tale idea. Ma cercare di renderlo *possibile*, elaborando strategie e individuando *guide* capaci di accompagnare le persone in questo *viaggio*.

In realtà gli psichiatri non hanno esperienza, ne sanno niente delle cose che affermano di saper (o voler) *curare*. La loro *ignoranza* viene assunta a *norma*, per cui diventa *insensato* tutto ciò che non riescono a capire, *incomprensibile* tutto ciò che non riescono ad accettare, *patologico* tutto ciò che non riescono a (s)piegare.

III ISTRUZIONE: **AGIRE L'INCOMPRENSIBILITA' COME INCOMPRENSIONE**

Chi non sta dalla parte della *ragione*, non sta necessariamente dalla parte del *torto*. La maggior parte dei comportamenti che non riusciamo a capire, diventano chiari se accettiamo di prendere in considerazione il punto di vista e le esperienze dell'altro. Non è un caso se il ricorso alla psichiatria diminuisce in proporzione all'aumento della nostra attenzione verso i vissuti altrui. E' facile proporre ricoveri psichiatrici e psicofarmaci per chi *non è più lui.* Diventa emotivamente impossibile dare in mano alla psichiatria una persona di cui riconosciamo le *ragioni* e con cui sentiamo di avere ancora una relazione di senso e di affetto.

Ci sono infiniti atti di antipsichiatria *quotidiana*, non teorizzata ma mossa dalle passioni e dalle relazioni che ci legano. Sono atti di resistenza che vanno dal tenere la pillola sotto la lingua per poi sputarla, a strappare i nostri cari al ricovero *contro il parere* dei sanitari. Un agire che rivendica il diritto di essere quello che si è, di comunicare quello in cui si crede, di rimanere esseri umani.

E' facile ricoverare Anna se la si ode tutte le notti gridare e minacciare di uccidersi. E' sensato pensare che la si stia aiutando tenendola sotto controllo e calma con la *cura.* Le si salva la vita.

Tutto ci sembra in ordine fino a che non prestiamo ascolto e attenzione alle sue parole, fino a che non ci chiediamo: "*Perché grida ?"* o "*Perché vuole morire* ?" Anna risponde, ha ancora voglia di parlare ai sordi e mostrare il suo dolore ai ciechi. C'è un uomo, c'è dio, c'è una voce che la assale, la offende, la insidia, la sporca. Un essere disincarnato che nessuno vede, nessun muro né porta può fermare, nessun uomo può bloccare. E' in suo potere e non ha scampo. Solo un ultimo tentativo: liberarsi dal corpo per liberarsi da Lui.

Chi usa la psichiatria vuole dormire la notte. Vuole chiudere la bocca e non lasciarsi toccare dalle presenze invisibili che a volte ci sfiorano. Non vuole sentire lo sguardo della morte che ci spia. Non c'è niente che la minacci. E' lei a minacciarci. Abbiamo paura, è di questo *terrore* che si nutre la *voce* della psichiatria.

Delle infinite tecniche, strategie, trucchi che Anna ha elaborato in questi anni per tenere a bada, comunicare con o zittire il suo *persecutore*, nessuna viene presa sul serio. Al contrario, le sue strategie vengono usate dagli psichiatri per formulare la diagnosi di *schizofrenia* che si porta addosso.

Chi elabora azioni materiali o psichiche per affrontare realtà che la psichiatria ritiene inesistenti, viene considerato un *malato di mente* e ciò che fa, pensa, dice, *sintomi patologici*. Se Anna si oppone al suo *persecutore* è *delirante*. Se se ne sta in disparte e riduce i contatti con tutto ciò che la fa star male, è *autistica*. Se reagisce aumentando le occasioni di socialità e di relazione, è *euforica*.

Se cerca di percepire entità positive che la proteggano dal *persecutore*, è *allucinata*.

L'agire antipsichiatrico coincide perfettamente con l'agire che la psichiatria chiama *psicopatologico*. E' il tentativo di capire e agire quanto accade a noi e di noi, senza negare i fatti né i nostri vissuti. Ciò che comunemente è vista e trattata come pura *follia*, in realtà è ricerca e sperimentazione della verità, del senso e delle conseguenze di altri modi di stare nel mondo. Antipsichiatrica, così, è l'avventura di Francesco d'Assisi, il sognare di Nino, l'urina di Antonio a sporcare i pavimenti lindi della nuova psichiatria, il vagare di Carlo, le statue di feci di Alberto …

IV ISTRUZIONE: **NON CREARE RISERVE**

La storia della psichiatria è storia del tentativo di evitare l'incontro, lo scambio e il contagio fra *reale* e *impossibile*. Storia dei luoghi, materiali e simbolici, in cui isola e controlla l'*infezione* e l'*ammutinamento* delle coscienze umane.

Se, nel periodo manicomiale, la psichiatria giustifica questa *esclusione* con la necessità di proteggere l'ordine sociale e familiare **dalla** follia, oggi, nell'era della psichiatria *democratica*, ciò avviene per proteggere il folle **dalla** realtà. Cambiano i luoghi e i pretesti, rimane integro il processo di distruzione sistematica della vita emotiva e sociale delle sue *vittime*. Troppo *pericolosi* prima, troppo *sensibili* ora, mai liberi di vivere la propria vita o fare le proprie scelte.

L'umanizzazione della psichiatria ha ripensato questo *mandato* di esclusione, superando l'idea di concentrare o imprigionare gli *infetti* in istituzioni totali, privilegiando la costruzione di reti sociali diffuse di controllo. La logica è quella di trasformare il corpo, la mente e l'esistenza di ogni singolo *infetto* nella sua prigione, camicia di forza, istituzione totale. Neutralizzare ogni possibilità di agire, di trovare alleanze, sentire e farsi sentire.

I reparti psichiatrici, gli ambulatori, le case famiglie, le comunità protette ... i luoghi istituzionalmente preposti alla terapia *psichiatrica*, rappresentano solo gli avamposti visibili della guerra di invasione psichiatrica nella nostra esistenza. Non esiste infatti più *luogo* dove è possibile rifugiarsi. Le nostre case possono essere trasformate in reparti, i nostri amici in infermieri, il nostro corpo in prigione.

Se Carmelo veniva legato per impedirgli di agire e costringerlo a cambiare opinione, Arturo può essere bloccato in un letto da sostanze paralizzanti. La psichiatria moderna non si accontenta che Arturo venga punito o cambi opinione, capacità di critica e giudizio. Solo quando verrà reso *incapace* di volere, egli sarà *liberato* e affidato alle cure e al controllo di personale preparato a non farsi coinvolgere né toccare dalla sua umanità, ragione, fantasia. Il suo corpo e la sua mente non risponderanno più ai suoi ordini, ma alle prescrizioni mediche.

Le *vittime* della psichiatria post manicomiale sono imprigionate in una realtà *separata* in cui il gioco, il lavoro, le relazioni sono gestite da altri. Una realtà che riproduce i luoghi e i tempi della vita quotidiana *come se* fossero reali. Vengono duplicati le amicizie, le gite, le risa, la casa, il lavoro, le relazioni, la musica, gli affetti … Tutto *deve* sembrare reale ma non esserlo. Gli utenti dei servizi psichiatrici sono persone di serie B e va costruita per loro una vita di serie B, priva della verità, della forza e del dolore della vita vissuta.

E' difficile trasmettere quale tipo di violenza sottile si celi dietro questo modo *alternativo* di fare psichiatria. Difficile far sentire la tragica *continuità* tra le grate arrugginite dei manicomi e le tendine di pizzo delle case famiglia. Difficile mostrare la filiazione diretta tra lobotomia e psicofarmaci. L'identità di azione fra i rudi infermieri manicomiali e gli animatori/educatori dei centri di riabilitazione.

Tutto sembra così umano. Tutto sembra così reale. Nelle case famiglia c'è il soggiorno, la TV, la cucina, la sedia a dondolo, i balconi sul cuore della città ... Nelle cooperative integrate il lavoro *sembra* proprio lavoro, dà fatica e sudore. La terra che si coltiva *sembra* reale. I soldi che si guadagnano *sembrano* veri e *sembra* davvero che li accettino al bar. Le pillole che danno *sembrano* proprio medicine. Anche i dottori *sembrano* medici e gli infermieri *sembrano* proprio *infermieri*, Tutto *sembra* reale anche il sorriso dell'animatrice che *sembra* proprio essere contenta di vederci imbrattare per ore con colori che *sembrano* proprio colorare. Anche i dottori *sembra* che ci ascoltino, ci capiscano e ci vogliano aiutare. Tutto *sembra* normale fino a che ci si convince che lo sia. Se ci sorge un dubbio e lo si esprime, c'è subito lì qualcuno che salta su e che ci dice "*sempre meglio che stare in manicomio*". Non è una constatazione, ma una minaccia.

Gli *infetti* vivono fuori da ogni quotidianità anche quando prendono il caffè al bar al nostro fianco. Il rumore della loro tazzina viene da un altro mondo. Un mondo senza relazioni e senza affetti. Una vita senza senso e senza possibilità di condividere quello che ci sta a cuore o di fare quello che sappiamo o vogliamo fare. Una vita di sottomissione in cui chiunque, non importa quanto mediocre, squallido o crudele sia, può decidere *per* noi. Una vita in libertà vigilata, sottoposti ad un costante lavaggio del cervello per farci dimenticare *chi* siamo e ad un programma di rieducazione e normalizzazione permanente. Minacciati e derisi. In balia dell'arbitrio dei nostri *protettori.*

Il cercatore del Graal non ha scelta: o rinuncia al Graal o rinuncia alla vita. Per chi non si *normalizza* sono già pronti programmi speciali, internamento coatto, cella di isolamento, interdizione … Con o senza manicomio, la psichiatria ha sempre il potere e i mezzi per cancellare le nostre esistenze con il tratto di una biro.

Non esiste una psichiatria *alternativa* al manicomio. La psichiatria è sempre *alternativa* alle relazioni umane, allo scambio interpersonale, all'essere umani. Dove c'è la psichiatria non sono *possibili* le persone. Non è possibile che parlino apertamente, si confrontino, si influenzino a vicenda, si comprendano o si fraintendano, si amino o si facciano del male. Non è possibile che scelgano quando e con chi dormire, dove e perché andare, chi o cosa essere.

L'antipsichiatria è riprendersi la vita. Quello che da anni praticano i *coatti* psichiatrici che scappano dalle loro case/famiglie prigioni o dai servizi psichiatrici, dalle auto in corsa dei vigili urbani o dai corsi di formazione per devianti, dagli appartamenti protetti o dalle punture mensili. Esseri umani che preferiscono la strada, la fame, il rischio, il dolore piuttosto che continuare a fare finta di vivere. Vera fame,vero freddo, vero dolore, vera amicizia, vera violenza. Per strada incontri più gente disposta a crederti e ad accettarti di quanto tu possa trovarne in qualsiasi luogo preposto ad aiutarti. Vale solo quello che sei, quello che fai. Fuori dal dominio psichiatrico, le persone diventano di nuovo visibili, concrete, reali. Quello che vediamo può farci anche inquietare, smarrire, metterci in imbarazzo: ma è ciò che quelle persone sono. Possiamo accettarlo o meno, ma dobbiamo al cercatore del Graal lo stesso rispetto che pretendiamo per il nostro lavoro, le nostre idee, i nostri sentimenti.

L'agire antipsichiatrico non crea riserve. Luoghi per proteggere le persone *dalla* realtà. Non costruisce *luoghi comuni* in cui comprendere e contenere le esperienze umane *impossibili.* Non è una *teoria* che spiega, ma una *pratica* che comprende agendo e agisce comprendendo.

L'agire antipsichiatrico è l'invasione della realtà quotidiana per contrattare spazi di esistenza e di movimento per tutti. Non duplica i bar, le case, il lavoro, le feste, le relazioni. Non impone un modo di vita. Non confonde il barista col cercatore del Graal. Non dice che il cercatore è nel *vero* e il barista nel *falso*. Cerca di rendere possibile le loro *scelte*, senza che l'esistenza di uno debba significare la *fine* dell'altro.

V ISTRUZIONE: **AGIRE**

Le istruzioni per usare l'antipsichiatria sono istruzioni per non farsi usare dalla psichiatria. Istruzioni che suggeriscono di vedere le persone per quelle che sono e le loro azioni per quello che dicono. Smettere di usare la psichiatria significa ricominciare ad usare i nostri occhi, le nostre mani, la nostra mente, la nostra sensibilità per tentare di metterci in contatto con esperienze e persone che abbiamo smesso di sentire, toccare, pensare o capire.

Senza il nostro consenso ed il nostro appoggio, il cercatore del Graal non può essre internato, Angela non può essere insultata, Anna non può essere *curata*, Arturo non può essere fermato, Carmelo non può essere sepolto in manicomio.

L'antipsichiatria non ha specialisti, strutture, tecniche o cure. Non vuole far ragionare il cercatore del Graal o far smettere di urlare Angela. Vuole dar loro credito e rispetto. Vuole agire per aiutarli a cercare il Graal o a bloccare i gas nervini.

Il *come fare* sta a noi, alla nostra creatività, alla nostra passione, alla nostra umanità e intuizione. Non credo che sia facile, dico che è *possibile*. Del resto non possiamo continuare ad accettare che la psichiatria risolva per noi il conflitto tra chi dorme la notte e chi no, tra chi crede all'infallibilità del papa e chi crede che gli ulivi siano le antenne di dio sulla terra, tra chi afferma che la proprietà privata è un furto e chi dice che hanno rubato i suoi pensieri, tra chi compie azioni in borsa e chi pianta chiodi in tutte le icone sacre della città …

L'incomprensibilità ed il pericolo della *follia* sono ben poca cosa rispetto al terrore della normalizzazione psichiatrica. La soluzione psichiatrica è sempre iniqua, assurda e inumana. Se Sara pianta i suoi chiodi sull'icona della Madonna dell'Aiuto, la psichiatria pianta un bisturi nel suo cervello o un ago nelle sue vene.

Non ci sono le *vittime* e i *carnefici*. Ci siamo anche noi, sul ciglio della strada, mentre portano via il cercatore del Graal. Siamo gli impauriti vicini di casa di Angela, gli ex compagni di liceo di Carmelo, i parrocchiani interdetti di Sara. Pensiamo di essere solo testimoni *incompetenti* e casuali. Invece siamo i *mandanti* di quanto accade, non meno incoscienti, innocenti e paurosi degli infermieri che eseguono l'ordine di afferrare, tener fermi, chiudere a chiave e controllare i loro simili.

Sul nostro silenzio sono costruiti i manicomi. Sulla nostra paura, le pratiche psichiatriche. Non è possibile farsi da parte o tirarsene fuori. Siamo tutti arruolati in questa guerra inumana e fratricida. Terrorizzati dall'idea di un nemico invisibile, imprevedibile e crudele.

Non basta disertare. Bisogna prendere posizione. Non ubbidire più agli ordini. Non indossare divise o camici. Non usare più il nostro corpo per impedire ad altri di cercare. Non bloccarne il corpo e la mente. Non confonderne le ragioni. Continuare ad ostinarsi a voler rimanere essere umani.

BIBLIOGRAFIA

1. ANTONUCCI G., *Il pregiudizio psichiatrico*, Eleuthera, Milano 1989
2. ANTONUCCI G., *Critica al giudizio psichiatrico*, Sensibili alle Foglie, Roma 1993
3. ANTONUCCI G., *Contrappunti*, Sensibili alle foglie, Roma 1993
4. BREGGIN P., *Elettroshock*, Feltrinelli, Milano 1983
5. BUCALO G., *Dietro ogni scemo c'è un villaggio*, Sicilia Punto L, Ragusa 1993
6. BUCALO G., *Malati di niente*, Calusca Grafton, Milano 1996
7. BUCALO G., *Dizionario Antipsichiatrico*, Sicilia Punto L. Ragusa 1997
8. BUCALO G., *Sentire le voci*, Sicilia Punto L, Ragusa 1998
9. CESTARI R., *L'inganno psichiatrico*, Sensibili alle foglie, Roma 1994
10. CHAMBERLIN J., *Da noi stessi*, Primerano, Roma 1990
11. COOPER D., *Grammatica del vivere*, Feltrinelli, Milano 1977

12. COOPER D., *Psichiatria e antipsichiatria*, Armando, Roma 1978

13. COOPER D., *Il linguaggio della follia*, Feltrinelli, Milano 1979

14. COPPOLA A., ANTONUCCI G., *Il telefono viola contro i metodi della psichiatria*, Eleuthera, Milano 1995

15. COTTI E., VIGEVANI R., *Contro la psichiatria*, La Nuova Italia, Firenze 1970

16. DE ROSSI R., *C'era una volta ... storia del marinaio d'oltremare*, Coop. Apache, Roma, 1986

17. FORTI L., a cura di, *L'altra pazzia*, Feltrinelli, Milano 1975

18. FOUCALT M., *La casa della follia*, in Basaglia F., *Crimini di pace*, Einaudi, Torino 1975

19. FOUCALT M., *L'ordine del discorso*, Einaudi, Torino 1980

20. FRAME J., *Dentro il muro*, Interno giallo, Milano 1990

21. LAING R.D:, ESTERSON A., *Normalità e follia nella famiglia*, Einaudi, Torino 1970

22. LAING R.D., *Considerazioni sulla psichiatria*, in Basaglia F., *Crimini di pace*, Einaudi, Torino 1975

23. LAING R.D., *Intervista sul folle e il saggio*, Laterza, Bari 1970
24. LAING R.D., *Aldilà della psichiatria*, Newton Compton, Roma 1970
25. LAING R.D., *La politica dell'esperienza*, Feltrinelli, Milano 1980
26. MILLET K., *Il trip della follia*, Kaos, Milano 1994
27. ONNIS L., LO RUSSO G., *La regione degli altri*, Savelli, Roma 1979
28. SHATZMAN M., *Storia di Ruth*, Feltrinelli, Milano 1990
29. SHATZMAN M., *La famiglia che uccide*, Milano 1973
30. SZASZ T., *Il mito della malattia mentale*, Il Saggiatore, Milano 1966
31. SZASZ T., *Disumanizzazione dell'uomo*, Feltrinelli, Milano 1981
32. SZASZ T., *La psichiatria a chi giova ?*, in Basaglia F., *Crimini di pace*, Einaudi, Torino 1975
33. SZASZ T., *I manipolatori della pazzia*, Feltrinelli, Milano 1981

www.ingramcontent.com/pod-product-compliance
Lightning Source LLC
Chambersburg PA
CBHW071248280526
45788CB00004B/1630